AF199983

Impressum
Verlag: BABADADA GmbH, Nedderfeld 112 , 22529 Hamburg
Geschäftsführer / Verlagsleitung: Harald Hof
Druck: Books on Demand GmbH, In de Tarpen 42, 22848 Norderstedt

Imprint
Publisher: BABADADA GmbH, Nedderfeld 112 , 22529 Hamburg, Germany
Managing Director / Publishing direction: Harald Hof
Print: Books on Demand GmbH, In de Tarpen 42, 22848 Norderstedt

school
die Schule

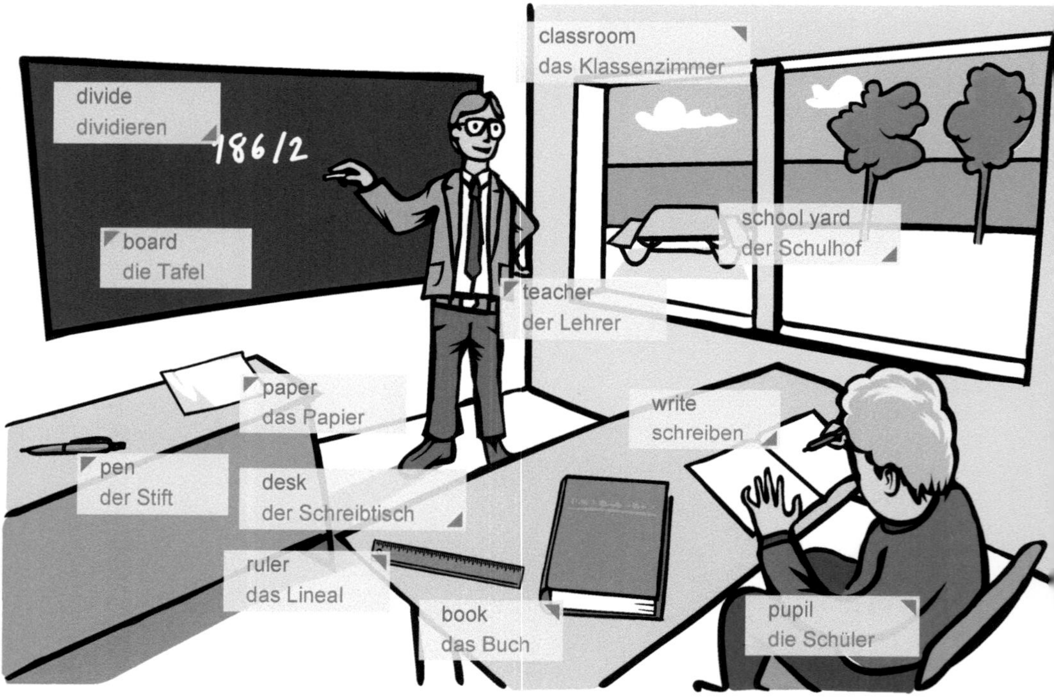

classroom
das Klassenzimmer
divide
dividieren
186/2
board
die Tafel
school yard
der Schulhof
teacher
der Lehrer
paper
das Papier
write
schreiben
pen
der Stift
desk
der Schreibtisch
ruler
das Lineal
book
das Buch
pupil
die Schüler

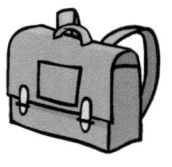

satchel

der Ranzen

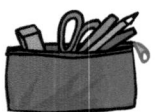

pencil case

die Federmappe

pencil

der Bleistift

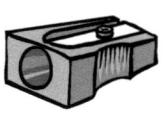

pencil sharpener

der Bleistiftanspitzer

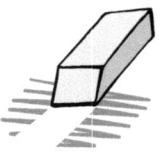

rubber

das Radiergummi

drawing pad

der Zeichenblock

drawing

die Zeichnung

paintbrush

der Pinsel

paint box

der Malkasten

scissors

die Schere

glue

der Klebstoff

exercise book

das Übungsheft

homework

die Hausaufgabe

number

die Zahl

add

addieren

subtract

subtrahieren

multiply

multiplizieren

calculate

rechnen

letter

der Buchstabe

alphabet

das Alphabet

word

das Wort

text

der Text

read

lesen

chalk

die Kreide

lesson

die Stunde

register

das Klassenbuch

exam

die Prüfung

certificate

das Zeugnis

school uniform

die Schuluniform

education

die Ausbildung

encyclopedia

das Lexikon

university

die Universität

microscope

das Mikroskop

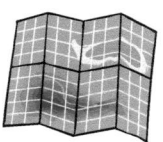

map

die Karte

waste-paper basket

der Papierkorb

travel
die Reise

hotel
das Hotel
Grand
hostel
die Herberge
ROOMS
bureau de change
die Wechselstube
car
das Auto

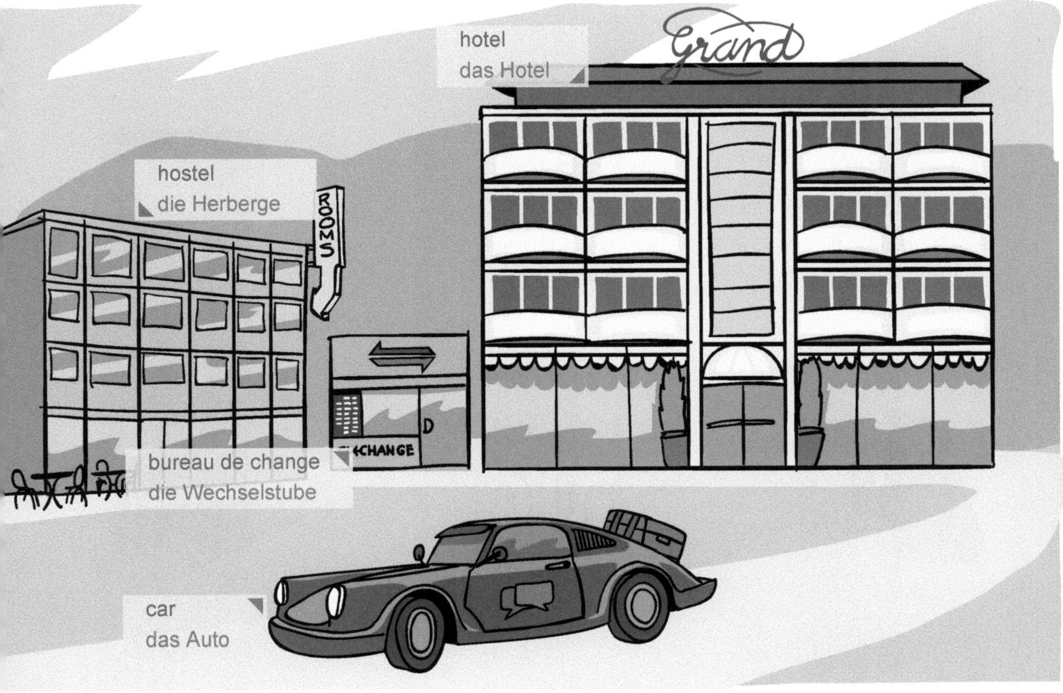

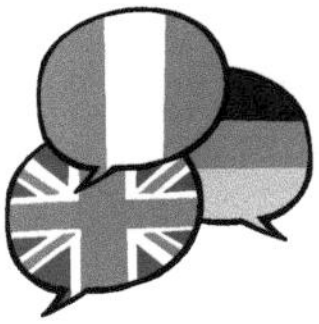

language

die Sprache

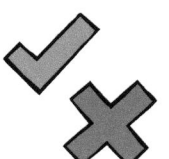

yes / no

ja / nein

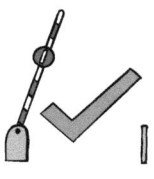

Okay

Okay

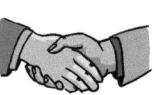

hello

Hallo

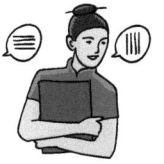

translator

der Übersetzer

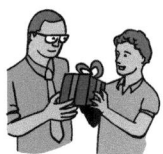

Thank you

Danke

how much is...?

Was kostet...?

I do not understand

Ich verstehe nicht

problem

das Problem

Good evening!

Guten Abend!

Good morning!

Guten Morgen!

Good night!

Gute Nacht!

bye bye

Auf Wiedersehen

direction

die Richtung

luggage

das Gepäck

bag

die Tasche

backpack

der Rucksack

guest

der Gast

room

das Zimmer

sleeping bag

der Schlafsack

tent

das Zelt

travel - die Reise

tourist information

die Touristeninformation

beach

der Strand

credit card

die Kreditkarte

breakfast

das Frühstück

lunch

das Mittagessen

dinner

das Abendessen

ticket

die Fahrkarte

lift

der Fahrstuhl

stamp

die Briefmarke

border

die Grenze

customs

der Zoll

embassy

die Botschaft

visa

das Visum

passport

der Pass

travel - die Reise

transport
der Transport

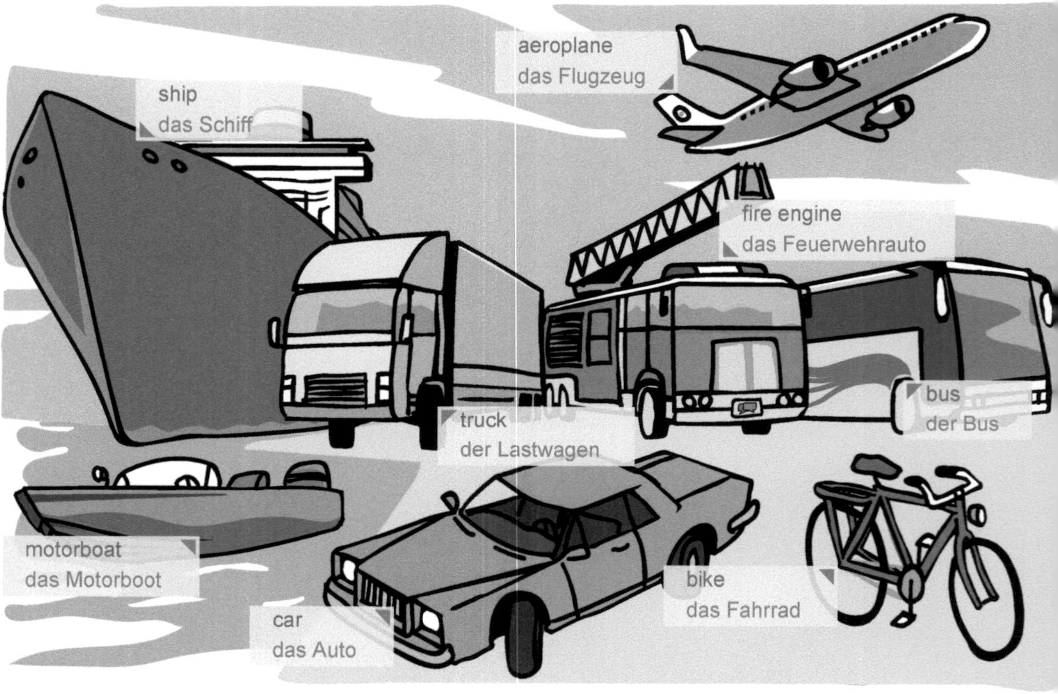

aeroplane
das Flugzeug
ship
das Schiff
fire engine
das Feuerwehrauto
bus
der Bus
truck
der Lastwagen
motorboat
das Motorboot
bike
das Fahrrad
car
das Auto

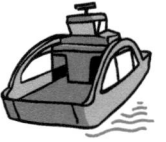

ferry
die Fähre

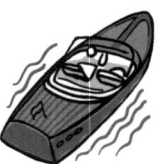

boat
das Boot

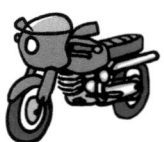

motorbike
das Motorrad

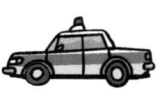

police car
das Polizeiauto

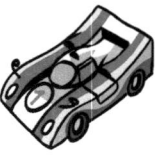

racing car
das Rennauto

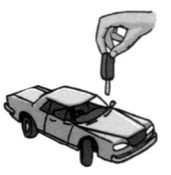

rental car
der Mietwagen

car sharing

das Carsharing

breakdown truck

der Abschleppwagen

refuse truck

das Müllauto

motor

der Motor

fuel

der Kraftstoff

petrol station

die Tankstelle

traffic sign

das Verkehrsschild

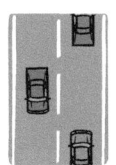

traffic

der Verkehr

traffic jam

der Stau

car park

der Parkplatz

train station

der Bahnhof

tracks

die Schienen

train

der Zug

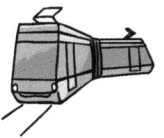

tram

die Straßenbahn

carriage

der Wagon

helicopter

der Helikopter

airport

der Flughafen

tower

der Tower

passenger

der Passagier

container

der Container

carton

der Karton

cart

der Karren

basket

der Korb

take off / land

starten / landen

city

die Stadt

village

das Dorf

city centre

das Stadtzentrum

house

das Haus

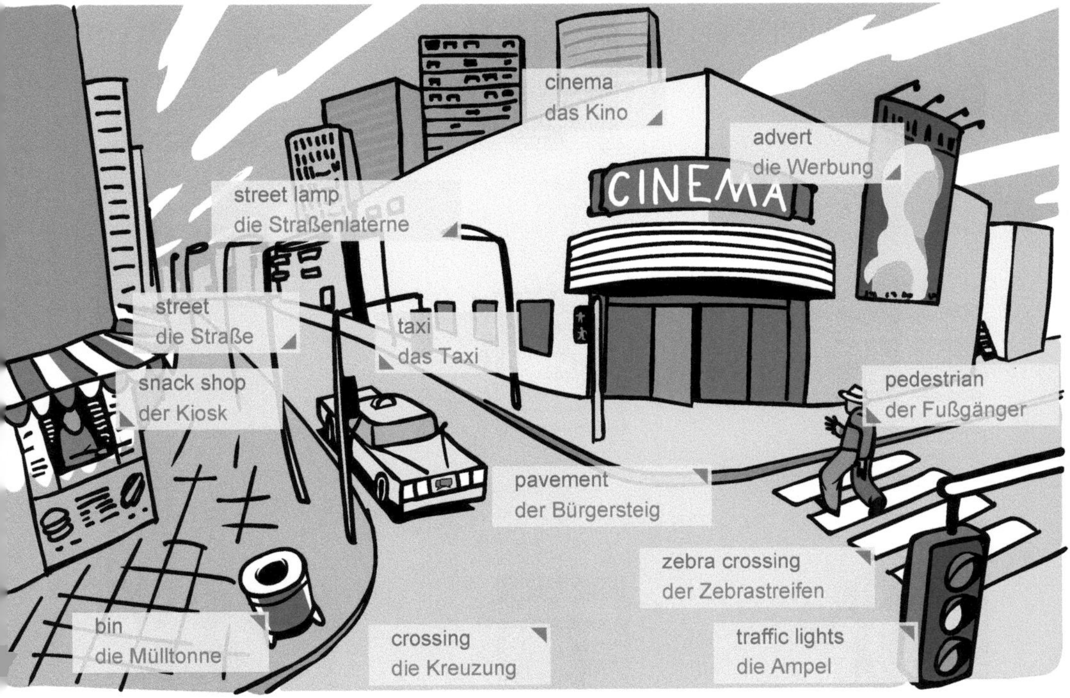

cinema
das Kino

advert
die Werbung

street lamp
die Straßenlaterne

CINEMA

street
die Straße

taxi
das Taxi

snack shop
der Kiosk

pedestrian
der Fußgänger

pavement
der Bürgersteig

zebra crossing
der Zebrastreifen

bin
die Mülltonne

crossing
die Kreuzung

traffic lights
die Ampel

hut
die Hütte

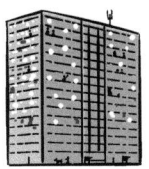

flat
die Wohnung

train station
der Bahnhof

town hall
das Rathaus

museum
das Museum

school
die Schule

university

die Universität

bank

die Bank

hospital

das Krankenhaus

hotel

das Hotel

pharmacy

die Apotheke

office

das Büro

book shop

die Buchhandlung

shop

das Geschäft

florist's

der Blumenladen

supermarket

der Supermarkt

market

der Markt

department store

das Kaufhaus

fishmonger's

der Fischhändler

shopping centre

das Einkaufszentrum

harbour

der Hafen

park
der Park

bench
die Bank

bridge
die Brücke

stairs
die Treppe

underground
die U-Bahn

tunnel
der Tunnel

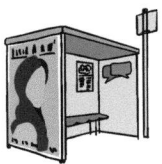

bus stop
die Bushaltestelle

bar
die Bar

restaurant
das Restaurant

postbox
der Briefkasten

street sign
das Straßenschild

parking meter
die Parkuhr

zoo
der Zoo

swimming pool
die Badeanstalt

mosque
die Moschee

city - die Stadt

farm

der Bauernhof

pollution

die Umweltverschmutzung

graveyard

der Friedhof

church

die Kirche

playground

der Spielplatz

temple

der Tempel

landscape
die Landschaft

signpost
der Wegweiser

way
der Weg

meadow
die Wiese

stone
der Stein

tree
der Baum

hiker
der Wanderer

river
der Fluss

grass
das Gras

flower
die Blume

valley

das Tal

hill

der Berg

lake

der See

forest

der Wald

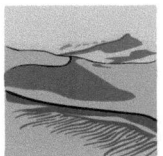

desert

die Wüste

volcano

der Vulkan

castle

das Schloss

rainbow

der Regenbogen

mushroom

der Pilz

palm tree

die Palme

mosquito

der Moskito

fly

die Fliege

ant

die Ameise

bee

die Biene

spider

die Spinne

beetle
der Käfer

frog
der Frosch

squirrel
das Eichhörnchen

hedgehog
der Igel

hare
der Hase

owl
die Eule

bird
die Vogel

swan
der Schwan

boar
das Wildschwein

deer
der Hirsch

moose
der Elch

dam
der Staudamm

wind turbine
das Windrad

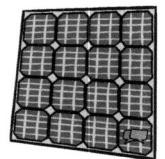

solar panel
das Solarmodul

climate
das Klima

restaurant

das Restaurant

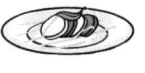

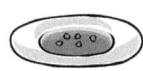

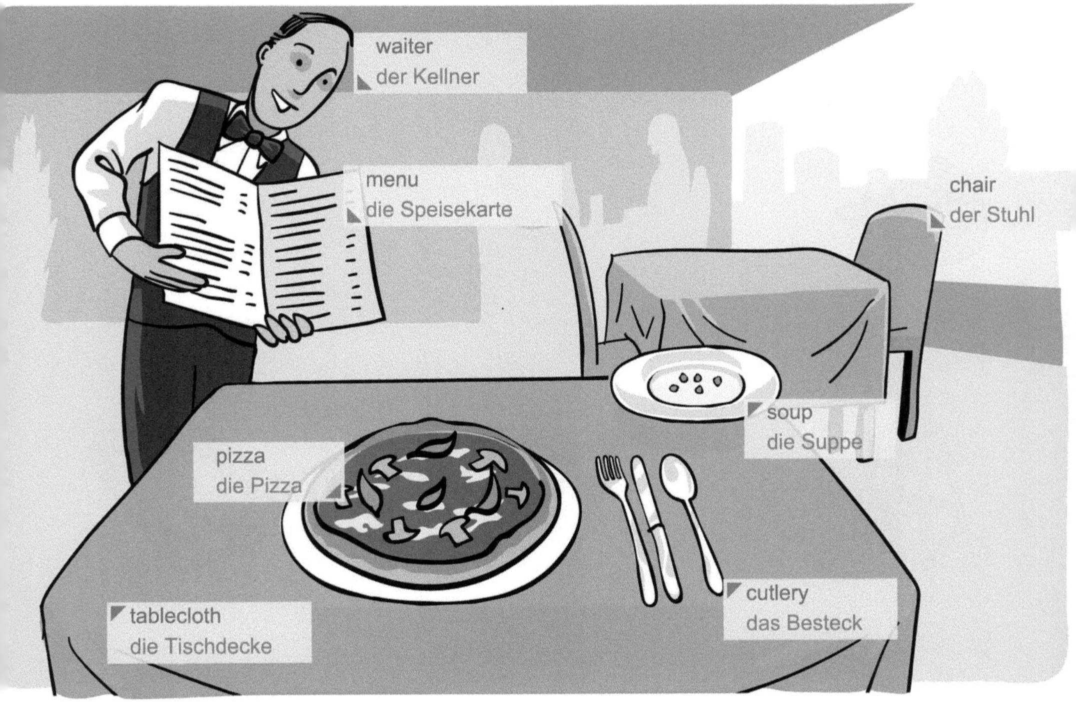

waiter
der Kellner
menu
die Speisekarte
chair
der Stuhl
soup
die Suppe
pizza
die Pizza
cutlery
das Besteck
tablecloth
die Tischdecke

starter

die Vorspeise

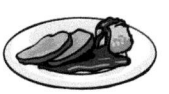

main course

das Hauptgericht

dessert

die Nachspeise

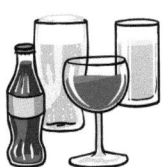

drinks

die Getränke

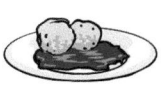

food

das Essen

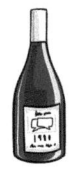

bottle

die Flasche

fast food

das Fastfood

street food

das Streetfood

teapot

die Teekanne

sugar bowl

die Zuckerdose

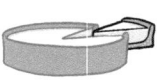

portion

die Portion

espresso machine

die Espressomaschine

high chair

der Hochstuhl

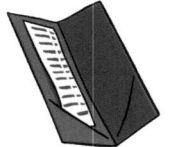

bill

die Rechnung

tray

das Tablett

knife

das Messer

fork

die Gabel

spoon

der Löffel

teaspoon

der Teelöffel

serviette

die Serviette

glass

das Glas

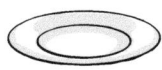

plate

der Teller

soup plate

der Suppenteller

saucer

die Untertasse

sauce

die Sauce

salt pot

der Salzstreuer

pepper mill

die Pfeffermühle

vinegar

der Essig

oil

das Öl

spices

die Gewürze

ketchup

das Ketchup

mustard

der Senf

mayonnaise

die Mayonnaise

supermarket
der Supermarkt

special offer
das Angebot
FOR
customer
der Kunde
dairy
die Milchprodukte
fruit
das Obst
trolley
der Einkaufswagen

BUTCHERS

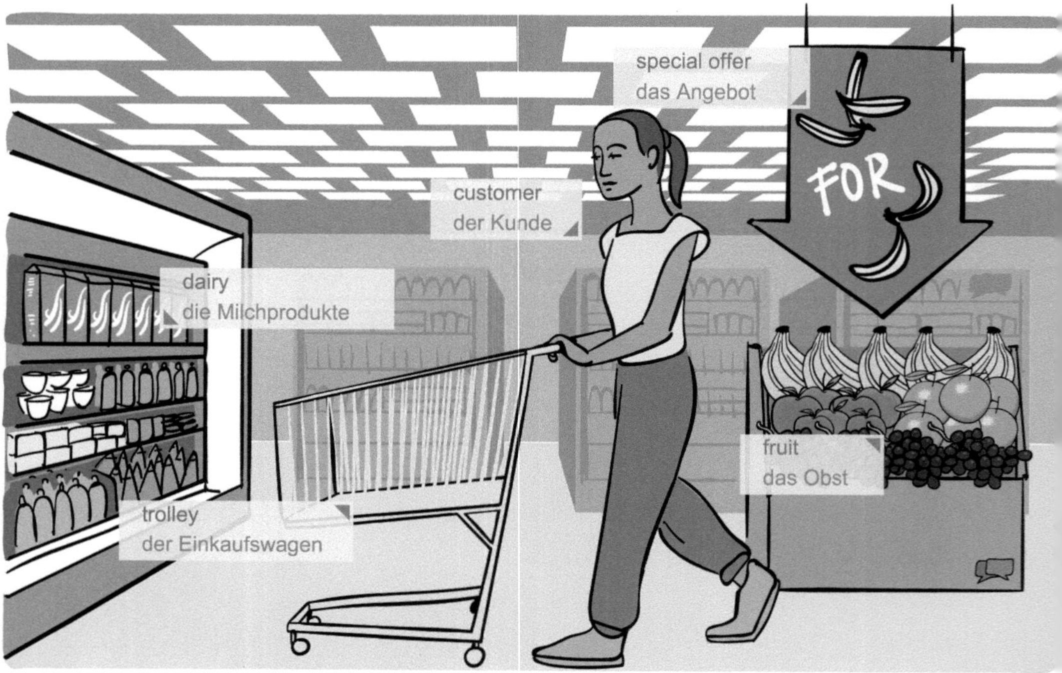

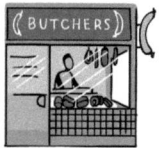

butcher´s

die Schlachterei

BAKERY

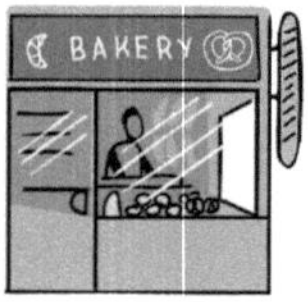

baker´s

die Bäckerei

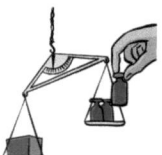

weigh

wiegen

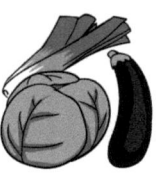

vegetables

das Gemüse

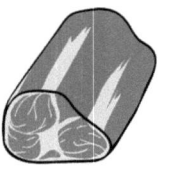

meat

das Fleisch

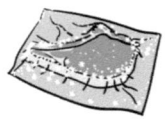

frozen food

die Tiefkühlkost

cold meat

der Aufschnitt

tinned food

die Konserven

washing powder

das Waschmittel

sweets

die Süßigkeiten

household products

die Haushaltsartikel

cleaning products

das Reinigungsmittel

salesperson

die Verkäuferin

till

die Kasse

cashier

der Kassierer

shopping list

die Einkaufsliste

opening hours

die Öffnungszeiten

wallet

die Brieftasche

credit card

die Kreditkarte

bag

die Tasche

plastic bag

die Plastiktüte

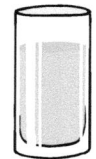

water

das Wasser

juice

der Saft

milk

die Milch

coke

die Cola

wine

der Wein

beer

das Bier

alcohol

der Alkohol

cocoa

der Kakao

tea

der Tee

coffee

der Kaffee

espresso

der Espresso

cappuccino

der Cappuccino

banana

die Banane

apple

der Apfel

orange

die Orange

melon

die Melone

lemon

die Zitrone

carrot

die Karotte

garlic

der Knoblauch

bamboo

der Bambus

onion

die Zwiebel

mushroom

der Pilz

nuts

die Nüsse

noodles

die Nudeln

spaghetti

die Spaghetti

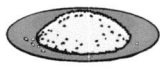

rice

der Reis

salad

der Salat

chips

die Pommes frites

fried potatoes

die Bratkartoffeln

pizza

die Pizza

hamburger

der Hamburger

sandwich

das Sandwich

cutlet

das Schnitzel

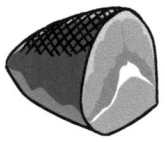

ham

der Schinken

salami

die Salami

sausage

die Wurst

chicken

das Huhn

roast

der Braten

fish

der Fisch

porridge oats

die Haferflocken

muesli

das Müsli

cornflakes

die Cornflakes

flour

das Mehl

croissant

das Croissant

bread roll

das Brötchen

bread

das Brot

toast

der Toast

biscuits

die Kekse

butter

die Butter

curd

der Quark

cake

der Kuchen

egg

das Ei

fried egg

das Spiegelei

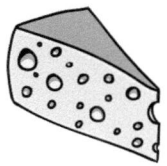

cheese

der Käse

ice cream

die Eiscreme

sugar

der Zucker

honey

der Honig

jam

die Marmelade

chocolate spread

die Nougat-Creme

curry

das Curry

farm

der Bauernhof

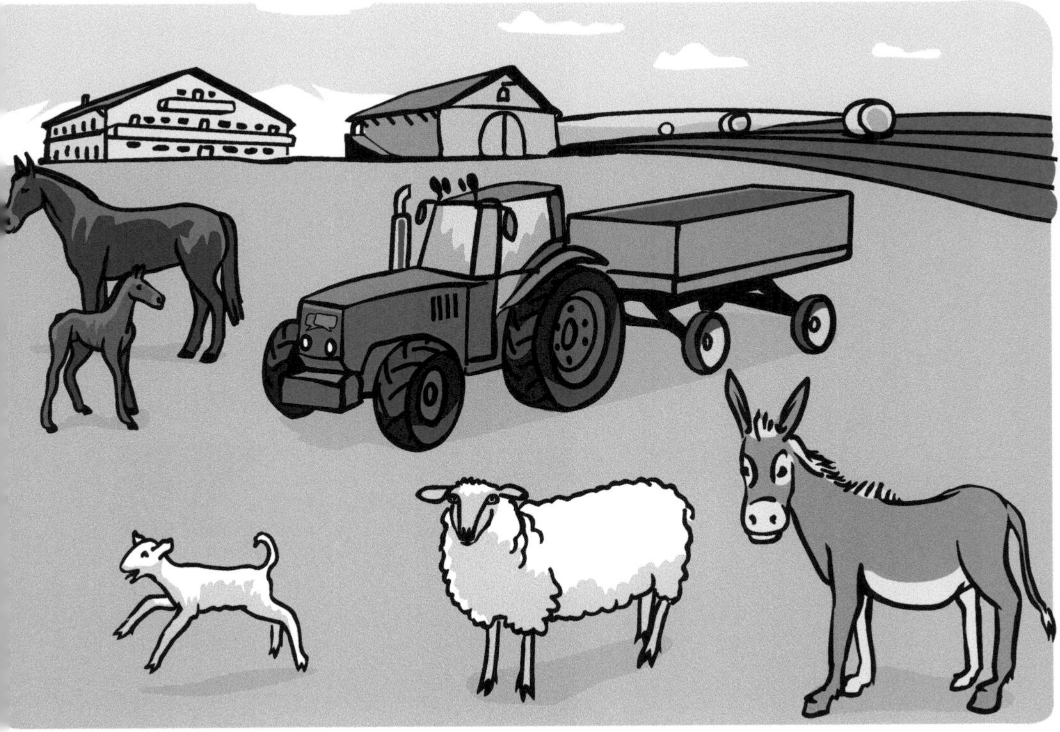

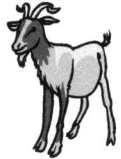

goat

die Ziege

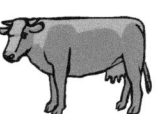

cow

die Kuh

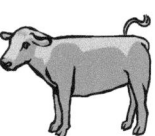

calf

das Kalb

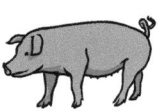

pig

das Schwein

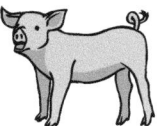

piglet

das Ferkel

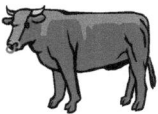

bull

der Bulle

goose

die Gans

duck

die Ente

chick

das Küken

hen

das Huhn

cock

der Hahn

rat

die Ratte

cat

die Katze

mouse

die Maus

ox

der Ochse

dog

der Hund

doghouse

die Hundehütte

garden hose

der Gartenschlauch

watering can

die Gießkanne

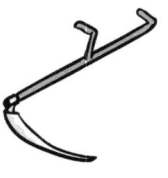

scythe

die Sense

plough

der Pflug

farm - der Bauernhof

sickle

die Sichel

hoe

die Hacke

pitchfork

die Mistgabel

axe

die Axt

wheelbarrow

die Schubkarre

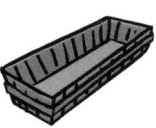

trough

der Trog

milk can

die Milchkanne

sack

der Sack

fence

der Zaun

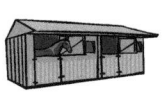

stable

der Stall

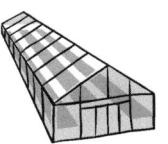

greenhouse

das Treibhaus

soil

der Boden

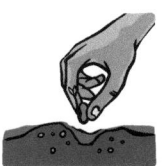

seed

die Saat

fertilizer

der Dünger

combine harvester

der Mähdrescher

harvest

ernten

harvest

die Ernte

yams

die Yamswurzel

wheat

der Weizen

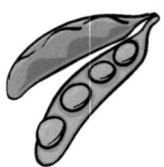

soy

das Soja

potato

die Kartoffel

corn

der Mais

rapeseed

der Raps

fruit tree

der Obstbaum

cassava

der Maniok

cereals

das Getreide

![house illustration]

living room

das Wohnzimmer

bathroom

das Badezimmer

kitchen

die Küche

bedroom

das Schlafzimmer

child's room

das Kinderzimmer

dining room

das Esszimmer

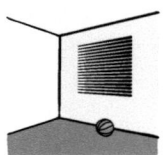

floor

der Boden

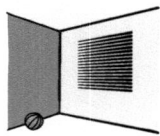

wall

die Wand

ceiling

die Decke

cellar

der Keller

sauna

die Sauna

balcony

der Balkon

terrace

die Terrasse

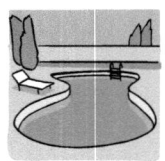

pool

das Schwimmbad

lawn mower

der Rasenmäher

sheet

der Bettbezug

bedspread

die Bettdecke

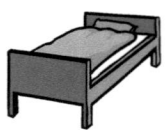

bed

das Bett

broom

der Besen

bucket

der Eimer

switch

der Schalter

living room

das Wohnzimmer

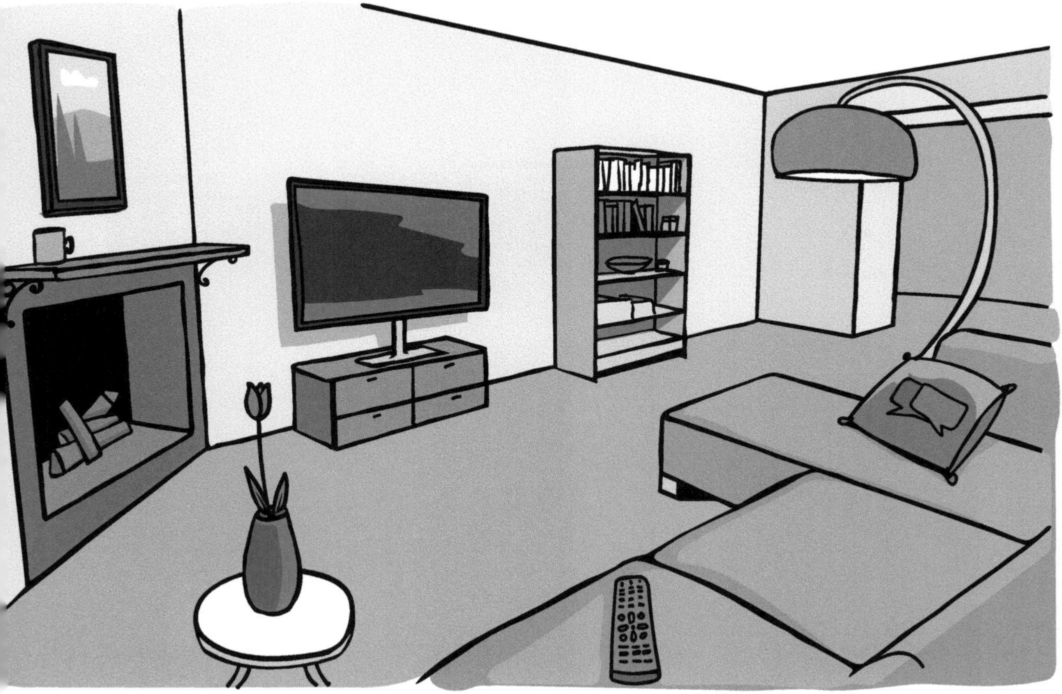

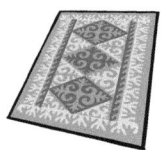

carpet

der Teppich

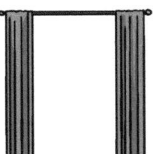

curtain

der Vorhang

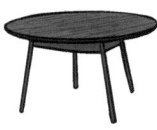

table

der Tisch

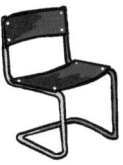

chair

der Stuhl

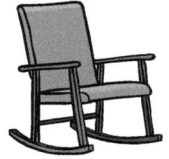

rocking chair

der Schaukelstuhl

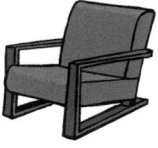

armchair

der Sessel

book

das Buch

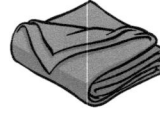

blanket

die Decke

decoration

die Dekoration

firewood

das Feuerholz

film

der Film

hi-fi equipment

die Stereoanlage

key

der Schlüssel

newspaper

die Zeitung

painting

das Gemälde

poster

das Poster

radio

das Radio

notepad

der Notizblock

hoover

der Staubsauger

cactus

der Kaktus

candle

die Kerze

kitchen
die Küche

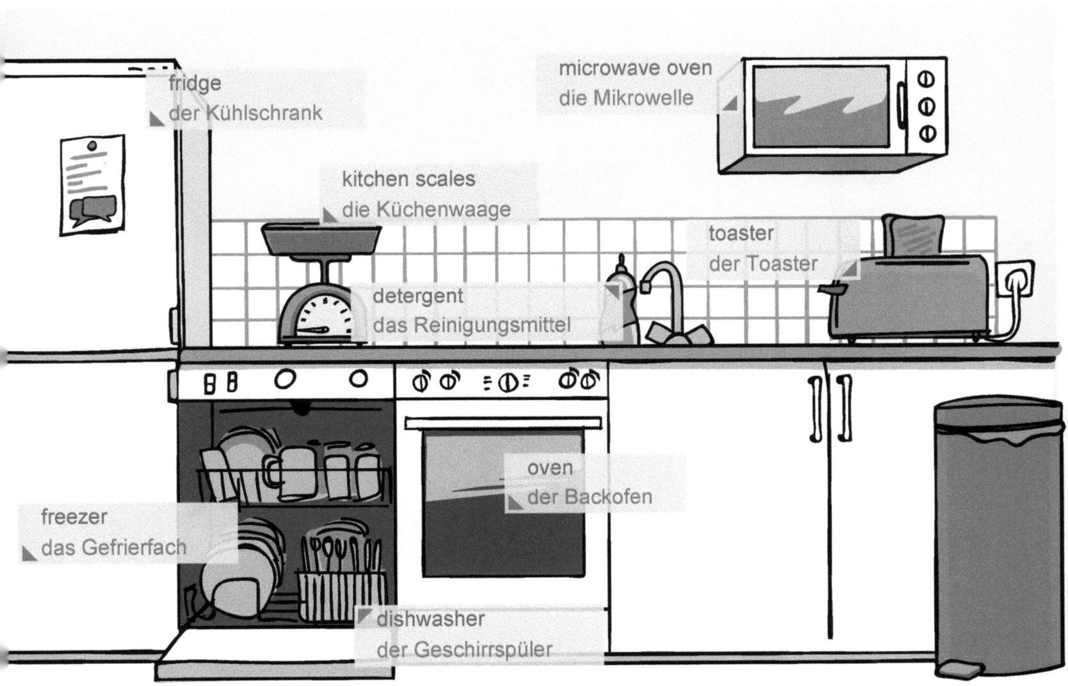
fridge
der Kühlschrank
microwave oven
die Mikrowelle
kitchen scales
die Küchenwaage
toaster
der Toaster
detergent
das Reinigungsmittel
oven
der Backofen
freezer
das Gefrierfach
dishwasher
der Geschirrspüler

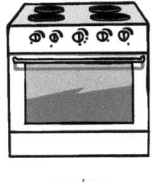

cooker
der Herd

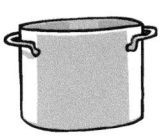

pot
der Topf

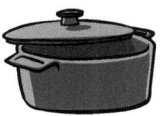

cast-iron pot
der Eisentopf

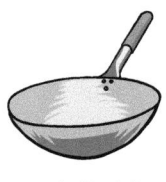

wok / kadai
der Wok / Kadai

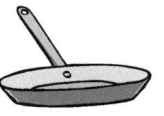

pan
die Pfanne

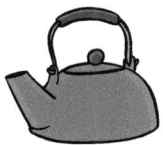

kettle
der Wasserkocher

steamer

der Dampfgarer

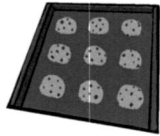

baking tray

das Backblech

crockery

das Geschirr

mug

der Becher

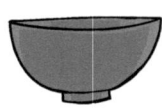

bowl

die Schale

chopsticks

die Essstäbchen

ladle

die Suppenkelle

spatula

der Pfannenwender

whisk

der Schneebesen

strainer

das Kochsieb

sieve

das Sieb

grater

die Reibe

mortar

der Mörser

barbecue

der Grill

open fire

die Feuerstelle

chopping board

das Schneidebrett

rolling pin

das Nudelholz

corkscrew

der Korkenzieher

can

die Dose

can opener

der Dosenöffner

pot holder

der Topflappen

sink

das Waschbecken

brush

die Bürste

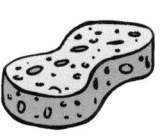

sponge

der Schwamm

blender

der Mixer

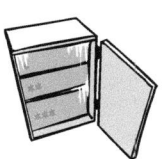

deep freezer

die Gefriertruhe

baby bottle

die Babyflasche

tap

der Wasserhahn

bathroom
das Badezimmer

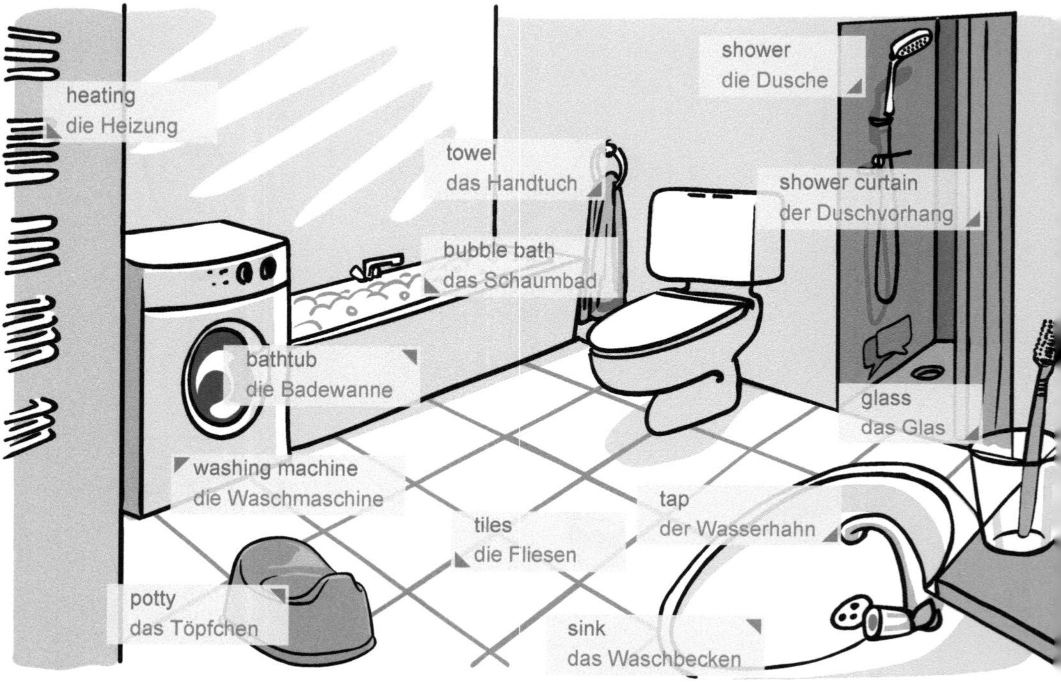
heating
die Heizung
towel
das Handtuch
shower
die Dusche
shower curtain
der Duschvorhang
bubble bath
das Schaumbad
bathtub
die Badewanne
glass
das Glas
washing machine
die Waschmaschine
tap
der Wasserhahn
tiles
die Fliesen
potty
das Töpfchen
sink
das Waschbecken

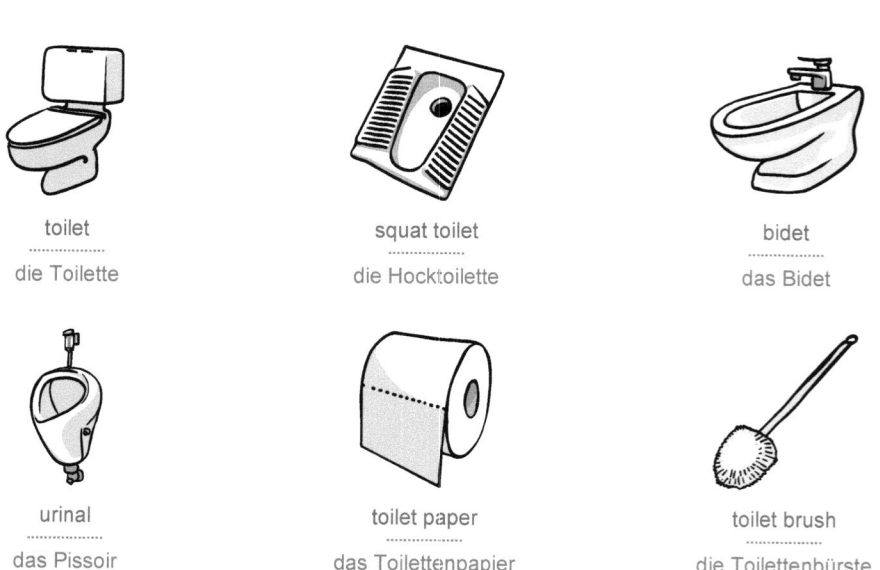

toilet

die Toilette

squat toilet

die Hocktoilette

bidet

das Bidet

urinal

das Pissoir

toilet paper

das Toilettenpapier

toilet brush

die Toilettenbürste

toothbrush

die Zahnbürste

toothpaste

die Zahnpasta

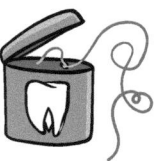

dental floss

die Zahnseide

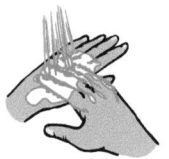

wash

waschen

handheld shower

die Handbrause

douche

die Intimdusche

basin

die Waschschüssel

back brush

die Rückenbürste

soap

die Seife

shower gel

das Duschgel

shampoo

das Shampoo

flannel

der Waschlappen

drain

der Abfluss

cream

die Creme

deodorant

das Deodorant

mirror
der Spiegel

hand mirror
der Kosmetikspiegel

razor
der Rasierer

shaving foam
der Rasierschaum

aftershave
das Rasierwasser

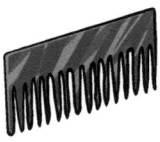

comb
der Kamm

brush
die Bürste

hair dryer
der Föhn

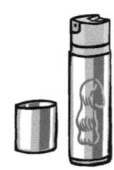

hairspray
das Haarspray

makeup
das Makeup

lipstick
der Lippenstift

nail varnish
der Nagellack

cotton wool
die Watte

nail scissors
die Nagelschere

perfume
das Parfum

washbag

der Kulturbeutel

stool

der Hocker

weighing scale

die Waage

bathrobe

der Bademantel

rubber gloves

die Gummihandschuhe

tampon

das Tampon

sanitary towel

die Damenbinde

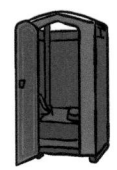

chemical toilet

die Chemietoilette

child's room
das Kinderzimmer

alarm clock
der Wecker
cuddly toy
das Kuscheltier
toy car
das Spielzeugauto
rattle
die Rassel
doll's house
das Puppenhaus
present
das Geschenk

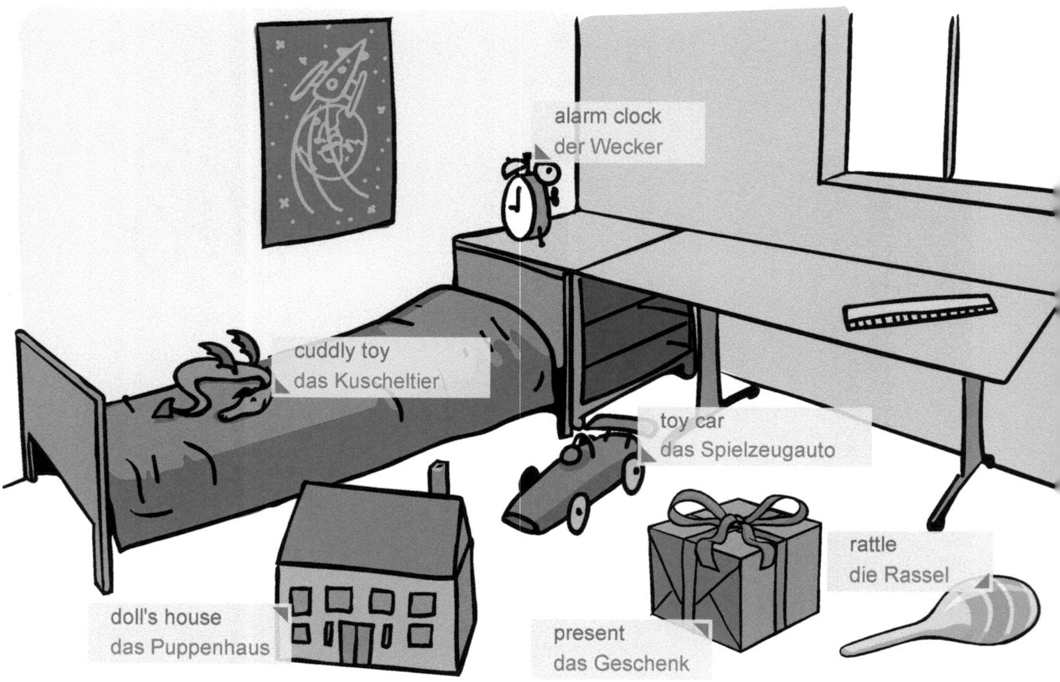

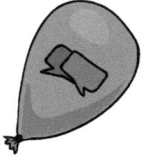

balloon

der Ballon

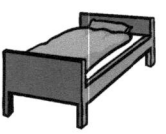

bed

das Bett

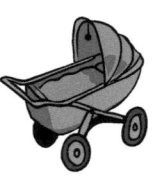

pram

der Kinderwagen

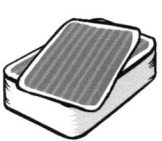

deck of cards

das Kartenspiel

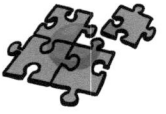

jigsaw

das Puzzle

comic

der Comic

lego bricks

die Legosteine

building blocks

die Bausteine

action figure

die Action Figur

babygrow

der Strampelanzug

frisbee

das Frisbee

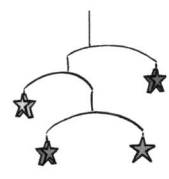

mobile

das Mobile

board game

das Brettspiel

dice

der Würfel

model train set

die Modelleisenbahn

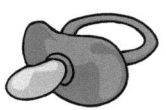

dummy

der Schnuller

party

die Party

picture book

das Bilderbuch

ball

der Ball

doll

die Puppe

play

spielen

child's room - das Kinderzimmer

43

sandpit

der Sandkasten

swing

die Schaukel

toys

das Spielzeug

video game console

die Spielkonsole

tricycle

das Dreirad

teddy bear

der Teddy

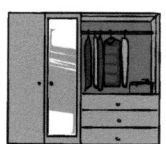

wardrobe

der Kleiderschrank

clothing
die Kleidung

socks

die Socken

stockings

die Strümpfe

tights

die Strumpfhose

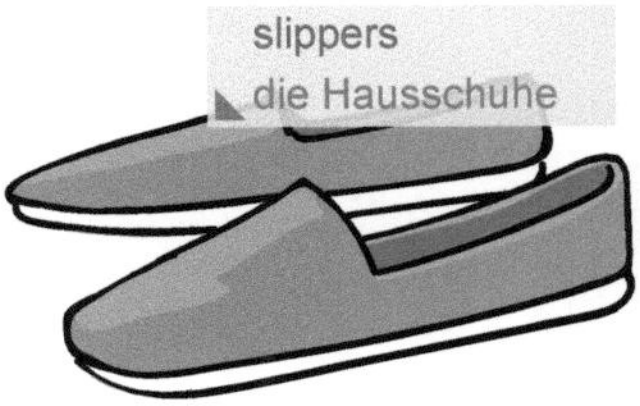

scarf
der Schal

belt
der Gürtel

umbrella
der Regenschirm

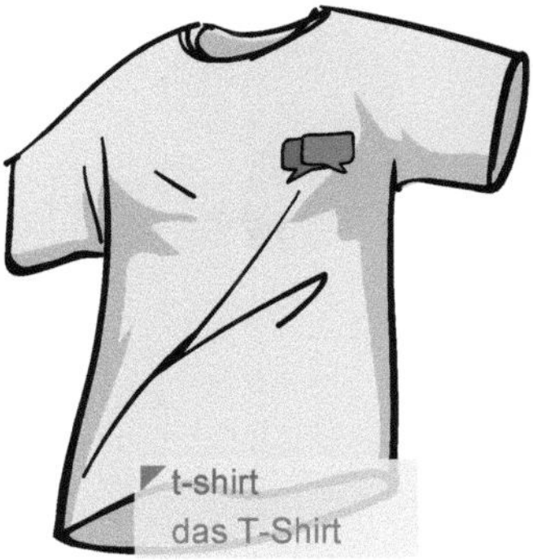

t-shirt
das T-Shirt

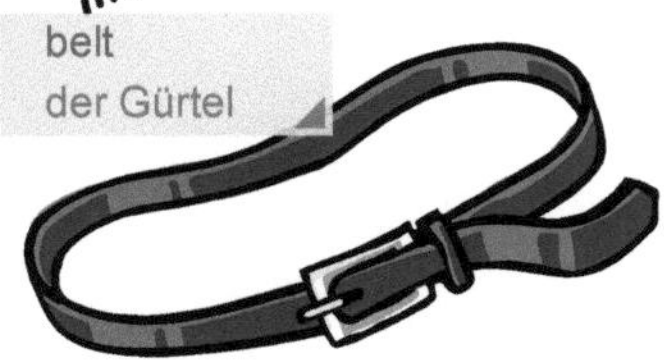

boots
der Stiefel

slippers
die Hausschuhe

trainers
die Turnschuhe

sandals
....
die Sandalen

shoes
....
die Schuhe

rubber boots
....
die Gummistiefel

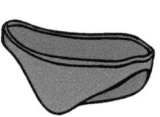

underpants
....
die Unterhose

bra
....
der Büstenhalter

vest
....
das Unterhemd

body

der Body

trousers

die Hose

jeans

die Jeans

skirt

der Rock

blouse

die Bluse

shirt

das Hemd

pullover

der Pullover

hoodie

der Kapuzenpullover

blazer

der Blazer

jacket

die Jacke

coat

der Mantel

raincoat

der Regenmantel

costume

das Kostüm

dress

das Kleid

wedding dress

das Hochzeitskleid

suit

der Anzug

nightgown

das Nachthemd

pyjamas

der Schlafanzug

sari

der Sari

headscarf

das Kopftuch

turban

der Turban

burqa

die Burka

kaftan

der Kaftan

abaya

die Abaya

swimsuit

der Badeanzug

trunks

die Badehose

shorts

die kurze Hose

tracksuit

der Trainingsanzug

apron

die Schürze

gloves

die Handschuhe

clothing - die Kleidung

button
der Knopf

glasses
die Brille

bracelet
das Armband

necklace
die Halskette

ring
der Ring

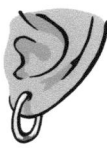

earring
der Ohrring

cap
die Mütze

coat hanger
der Kleiderbügel

hat
der Hut

tie
die Krawatte

zip
der Reißverschluss

helmet
der Helm

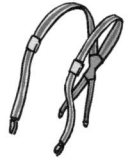

braces
der Hosenträger

school uniform
die Schuluniform

uniform
die Uniform

bib

das Lätzchen

dummy

der Schnuller

nappy

die Windel

office
das Büro

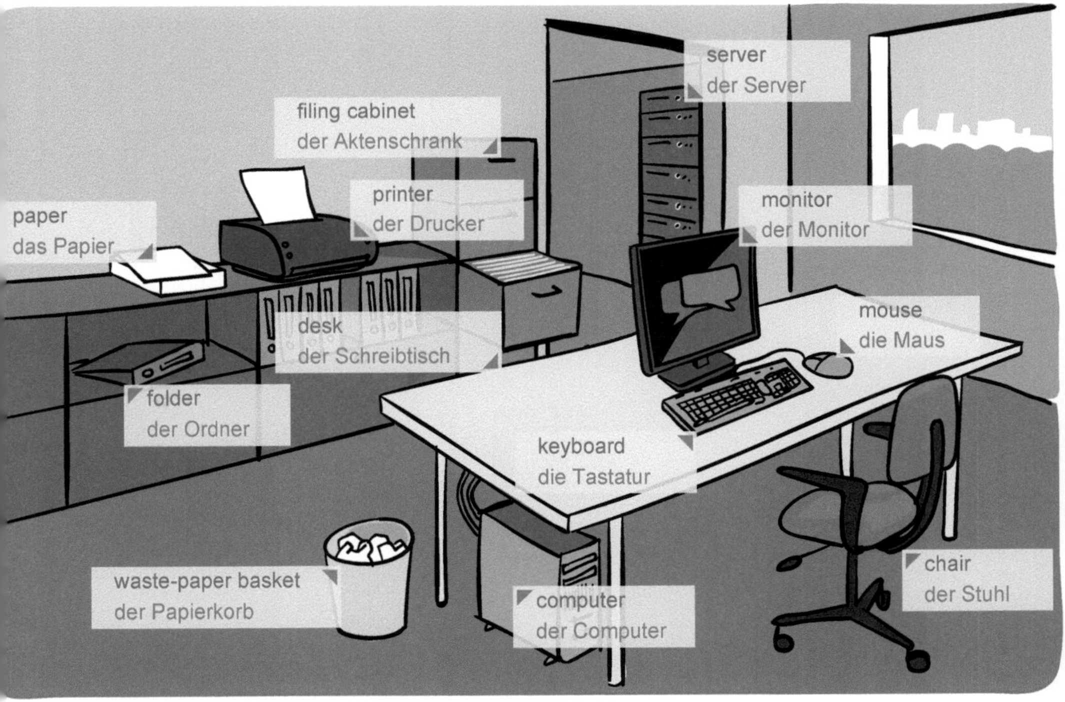

server
der Server

filing cabinet
der Aktenschrank

printer
der Drucker

paper
das Papier

monitor
der Monitor

desk
der Schreibtisch

mouse
die Maus

folder
der Ordner

keyboard
die Tastatur

waste-paper basket
der Papierkorb

chair
der Stuhl

computer
der Computer

coffee mug

der Kaffeebecher

calculator

der Taschenrechner

internet

das Internet

laptop

der Laptop

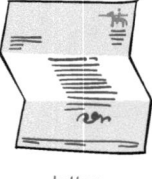

letter

der Brief

message

die Nachricht

mobile

das Handy

network

das Netzwerk

photocopier

der Kopierer

software

die Software

telephone

das Telefon

plug socket

die Steckdose

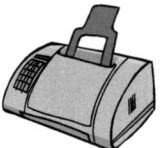

fax machine

das Fax

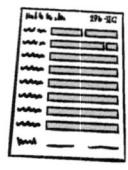

form

das Formular

document

das Dokument

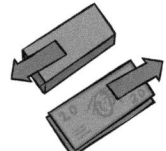

buy

kaufen

pay

bezahlen

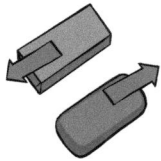

trade

handeln

money

das Geld

dollar

der Dollar

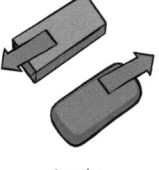

euro

der Euro

yen

der Yen

rouble

der Rubel

Swiss franc

der Franken

renminbi yuan

der Renminbi Yuan

rupee

die Rupie

cashpoint

der Geldautomat

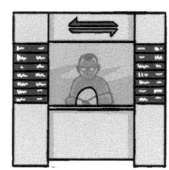

bureau de change

die Wechselstube

gold

das Gold

silver

das Silber

oil

das Öl

energy

die Energie

price

der Preis

contract

der Vertrag

tax

die Steuer

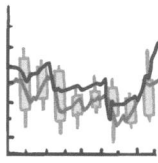

stock

die Aktie

work

arbeiten

employee

der Angestellte

employer

der Arbeitgeber

factory

die Fabrik

shop

das Geschäft

economy - die Wirtschaft

occupations
die Berufe

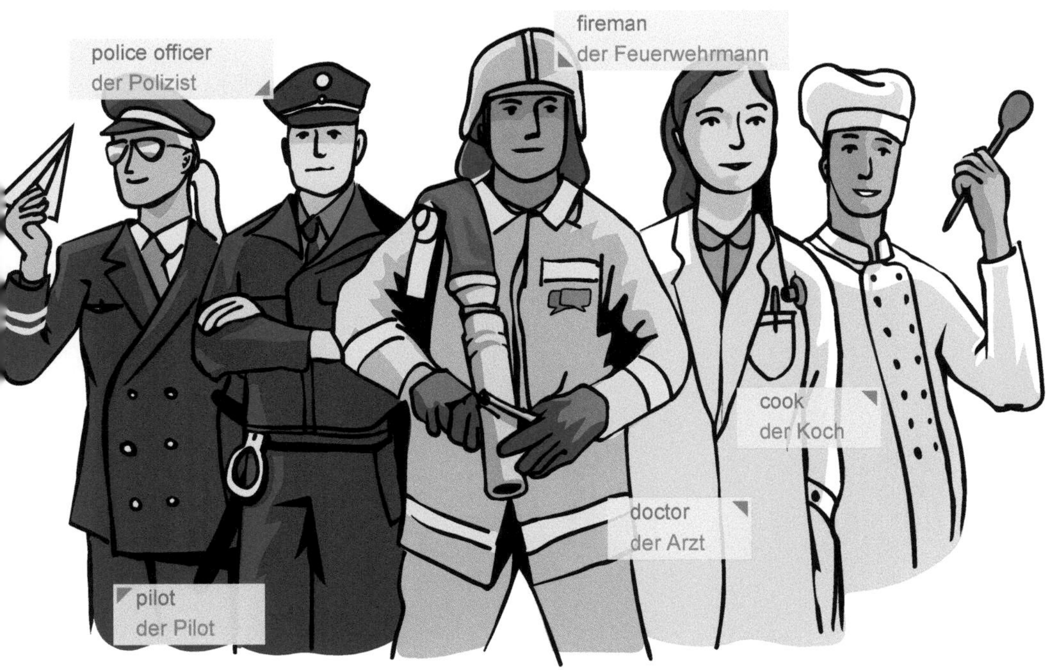

police officer
der Polizist
fireman
der Feuerwehrmann
cook
der Koch
doctor
der Arzt
pilot
der Pilot

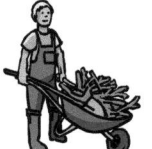

gardener

der Gärtner

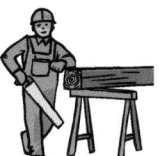

carpenter

der Tischler

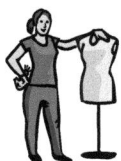

seamstress

die Näherin

judge

der Richter

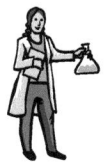

chemist

der Chemiker

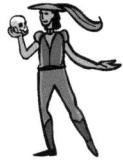

actor

der Schauspieler

bus driver

der Busfahrer

taxi driver

der Taxifahrer

fisherman

der Fischer

cleaning lady

die Putzfrau

roofer

der Dachdecker

waiter

der Kellner

hunter

der Jäger

painter

der Maler

baker

der Bäcker

electrician

der Elektriker

builder

der Bauarbeiter

engineer

der Ingenieur

butcher

der Schlachter

plumber

der Klempner

postman

der Postbote

soldier

der Soldat

architect

der Architekt

cashier

der Kassierer

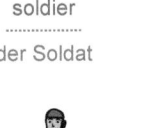

florist

der Florist

hairdresser

der Friseur

conductor

der Schaffner

mechanic

der Mechaniker

captain

der Kapitän

dentist

der Zahnarzt

scientist

der Wissenschaftler

rabbi

der Rabbi

imam

der Imam

monk

der Mönch

clergyman

der Geistliche

tools
die Werkzeuge

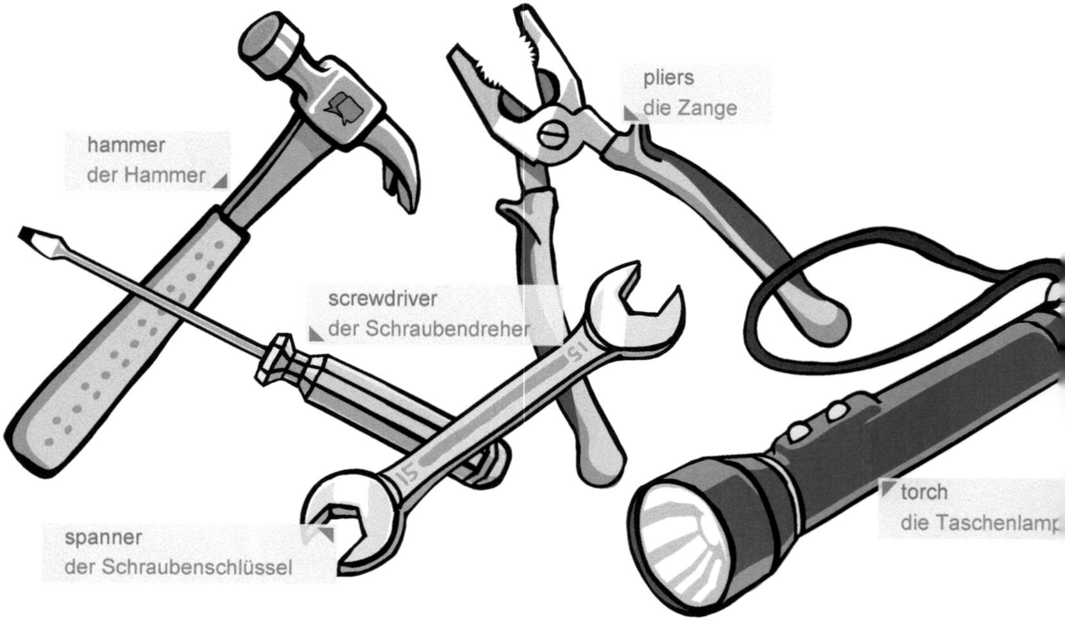

pliers
die Zange
hammer
der Hammer
screwdriver
der Schraubendreher
torch
die Taschenlamp
spanner
der Schraubenschlüssel

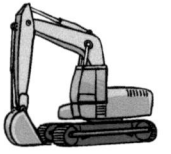

digger

der Bagger

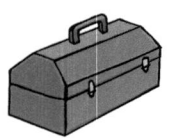

toolbox

der Werkzeugkasten

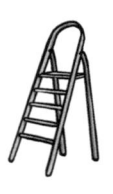

ladder

die Leiter

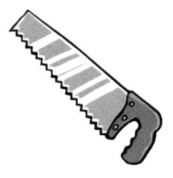

saw

die Säge

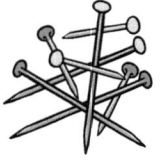

nails

die Nägel

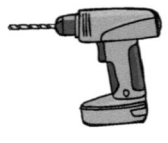

drill

der Bohrer

repair

reparieren

shovel

die Schaufel

Damn!

Mist!

dustpan

das Kehrblech

paint pot

der Farbtopf

screws

die Schrauben

musical instruments
die Musikinstrumente

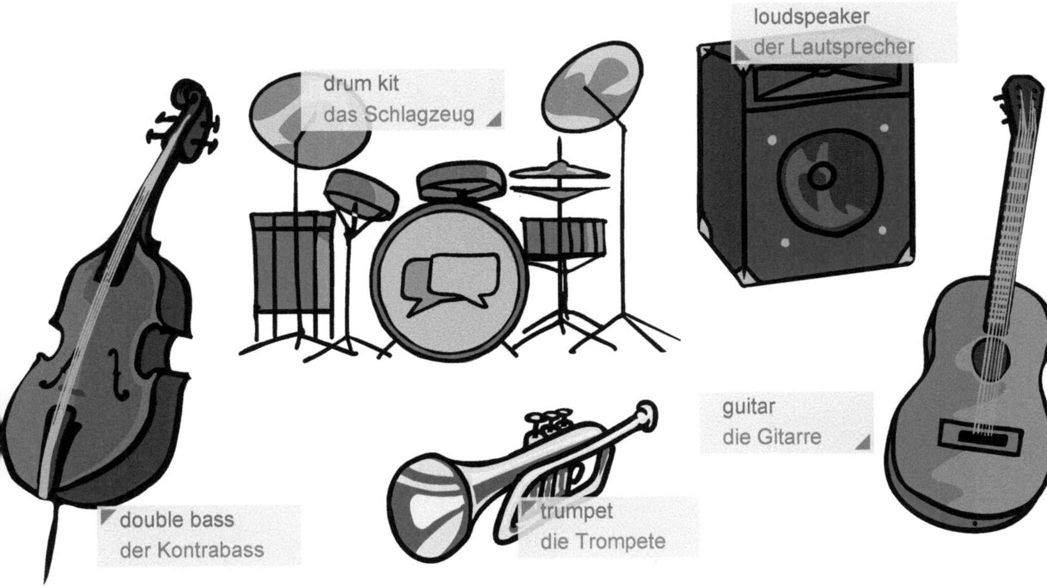

loudspeaker
der Lautsprecher

drum kit
das Schlagzeug

guitar
die Gitarre

double bass
der Kontrabass

trumpet
die Trompete

piano

das Klavier

violin

die Violine

bass

der Bass

timpani

die Pauke

drums

die Trommeln

keyboard

das Keyboard

saxophone

das Saxophon

flute

die Flöte

microphone

das Mikrofon

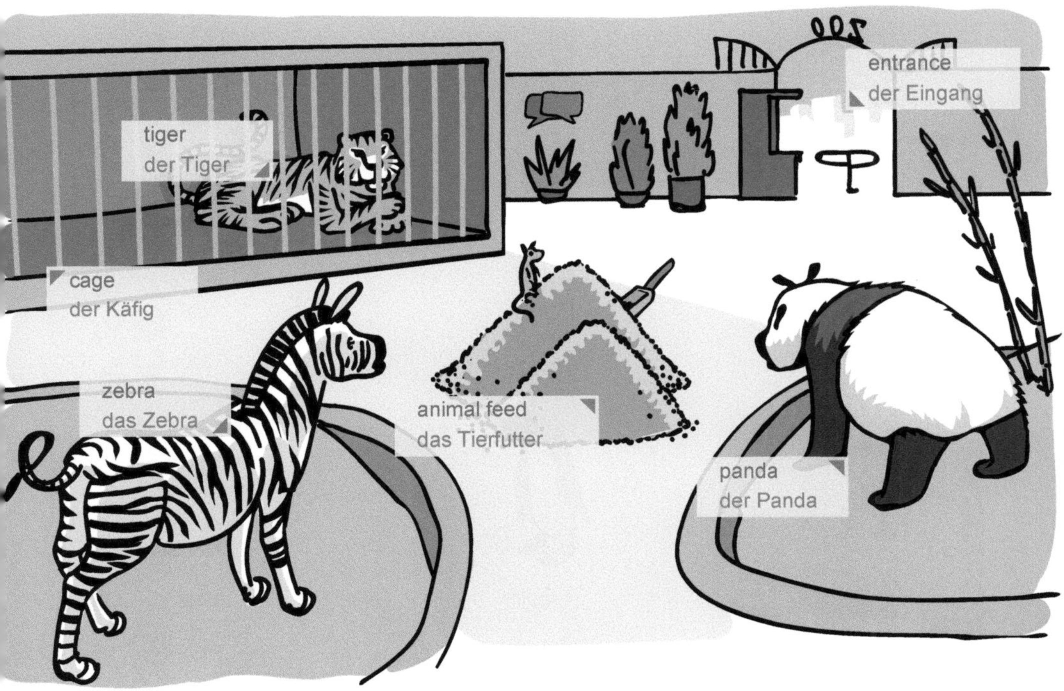

tiger
der Tiger

entrance
der Eingang

cage
der Käfig

zebra
das Zebra

animal feed
das Tierfutter

panda
der Panda

animals

die Tiere

elephant

der Elefant

kangaroo

das Känguruh

rhino

das Nashorn

gorilla

der Gorilla

bear

der Bär

camel

das Kamel

ostrich

der Strauß

lion

der Löwe

monkey

der Affe

flamingo

der Flamingo

parrot

der Papagei

polar bear

der Eisbär

penguin

der Pinguin

shark

der Hai

peacock

der Pfau

snake

die Schlange

crocodile

das Krokodil

zookeeper

der Zoowärter

seal

die Robbe

jaguar

der Jaguar

zoo - der Zoo

pony

das Pony

leopard

der Leopard

hippo

das Nilpferd

giraffe

die Giraffe

eagle

der Adler

boar

das Wildschwein

fish

der Fisch

turtle

die Schildkröte

walrus

das Walross

fox

der Fuchs

gazelle

die Gazelle

American football
das American Football

cycling
das Radfahren

tennis
das Tennis

basketball
der Basketball

swimming
das Schwimmen

boxing
das Boxen

ice hockey
das Eishockey

football
der Fußball

badminton
das Badminton

athletics
die Leichtathletik

handball
der Handball

skiing
das Skilaufen

polo
das Polo

jump
springen

hug
umarmen

laugh
lachen

walk
gehen

sing
singen

dream
träumen

pray
beten

kiss
küssen

write

schreiben

draw

zeichnen

show

zeigen

push

drücken

give

geben

take

nehmen

have
haben

do
tun

be
sein

stand
stehen

run
laufen

pull
ziehen

throw
werfen

fall
fallen

lie
liegen

wait
warten

carry
tragen

sit
sitzen

get dressed
anziehen

sleep
schlafen

wake up
aufwachen

look at

ansehen

cry

weinen

stroke

streicheln

comb

kämmen

talk

reden

understand

verstehen

ask

fragen

listen

hören

drink

trinken

eat

essen

tidy up

aufräumen

love

lieben

cook

kochen

drive

fahren

fly

fliegen

sail
segeln

calculate
rechnen

read
lesen

learn
lernen

work
arbeiten

marry
heiraten

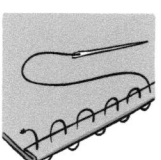

sew
nähen

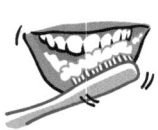

brush teeth
Zähne putzen

kill
töten

smoke
rauchen

send
senden

activities - die Aktivitäten

randmother
ie Großmutter

grandfather
der Großvater

father
der Vater

mother
die Mutter

baby
das Baby

daughter
die Tochter

son
der Sohn

guest

der Gast

aunt

die Tante

uncle

der Onkel

brother

der Bruder

sister

die Schwester

body
der Körper

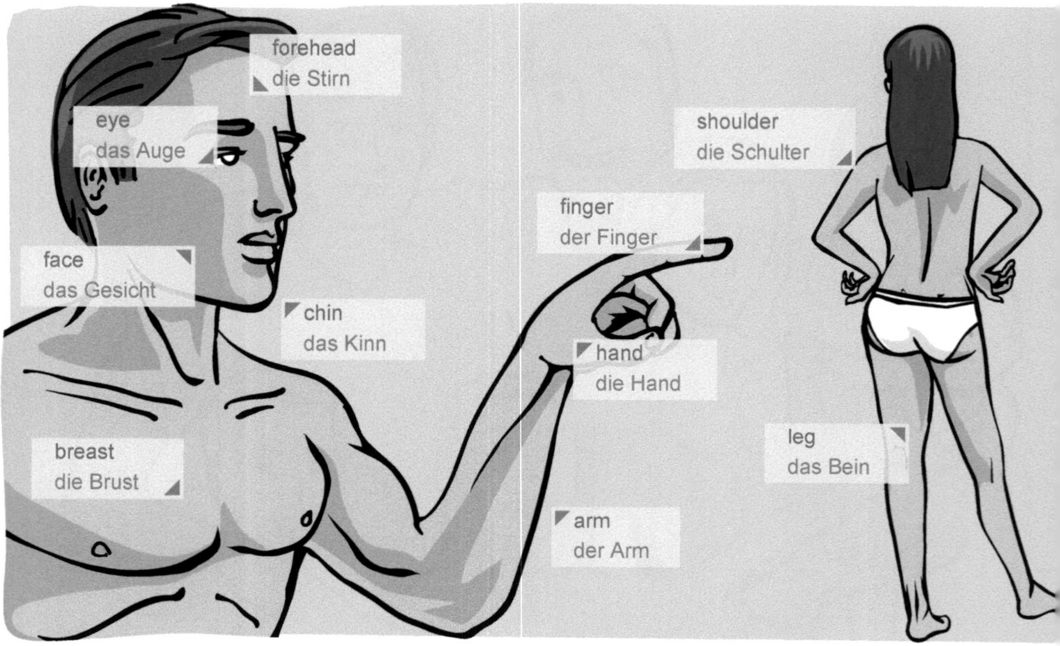

forehead
die Stirn

eye
das Auge

shoulder
die Schulter

finger
der Finger

face
das Gesicht

chin
das Kinn

hand
die Hand

breast
die Brust

leg
das Bein

arm
der Arm

baby
das Baby

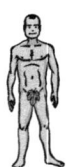

man
der Mann

woman
die Frau

girl
das Mädchen

boy
der Junge

head
der Kopf

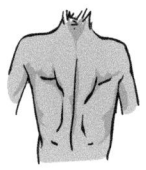

back

der Rücken

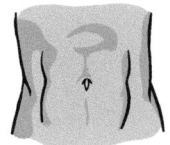

belly

der Bauch

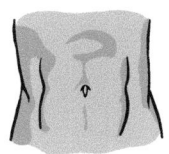

belly button

der Nabel

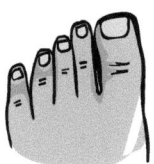

toe

der Zeh

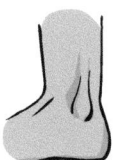

heel

die Ferse

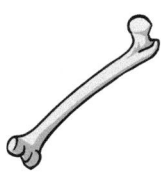

bone

der Knochen

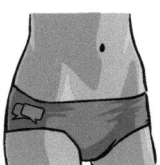

hip

die Hüfte

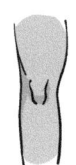

knee

das Knie

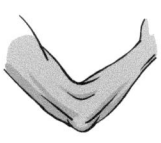

elbow

der Ellenbogen

nose

die Nase

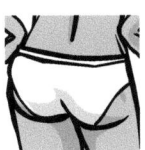

bottom

das Gesäß

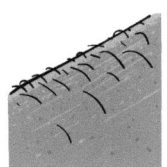

skin

die Haut

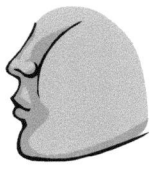

cheek

die Wange

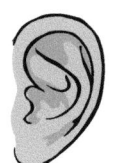

ear

das Ohr

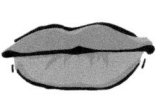

lip

die Lippe

body - der Körper

mouth

der Mund

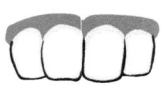

tooth

der Zahn

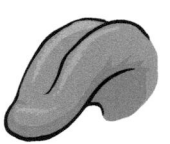

tongue

die Zunge

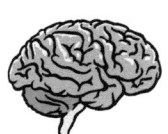

brain

das Gehirn

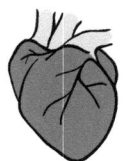

heart

das Herz

muscle

der Muskel

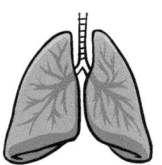

lung

die Lunge

liver

die Leber

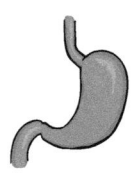

stomach

der Magen

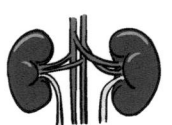

kidneys

die Nieren

sex

der Geschlechtsverkehr

condom

das Kondom

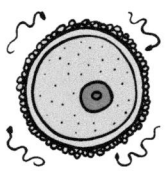

ovum

die Eizelle

semen

das Sperma

pregnancy

die Schwangerschaft

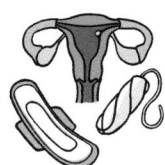

menstruation

die Menstruation

vagina

die Vagina

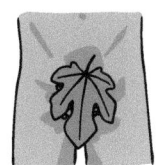

penis

der Penis

eyebrow

die Augenbraue

hair

das Haar

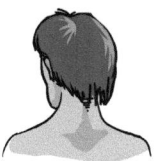

neck

der Hals

hospital
das Krankenhaus

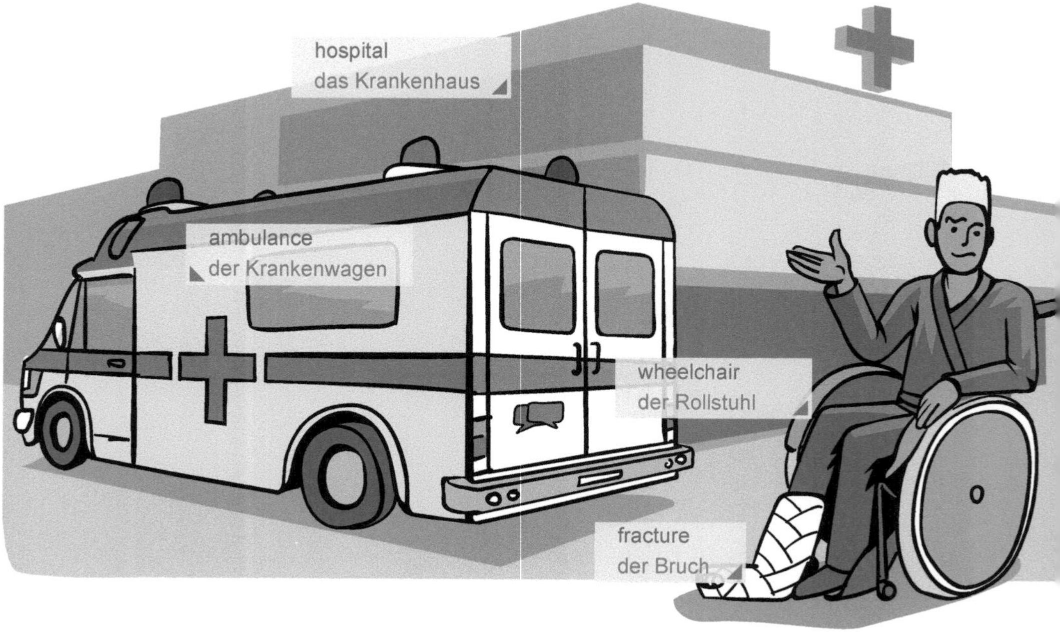

hospital
das Krankenhaus
ambulance
der Krankenwagen
wheelchair
der Rollstuhl
fracture
der Bruch

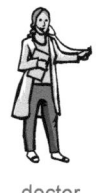

doctor

der Arzt

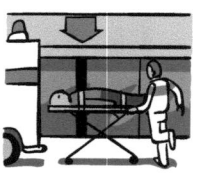

emergency room

die Notaufnahme

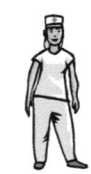

nurse

die Krankenschwester

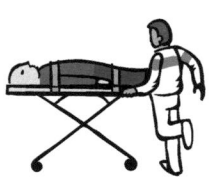

emergency

der Notfall

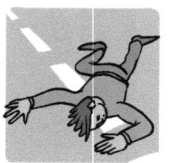

unconscious

ohnmächtig

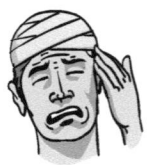

pain

der Schmerz

injury

die Verletzung

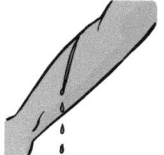

bleeding

die Blutung

heart attack

der Herzinfarkt

stroke

der Schlaganfall

allergy

die Allergie

cough

der Husten

fever

das Fieber

flu

die Grippe

diarrhoea

der Durchfall

headache

die Kopfschmerzen

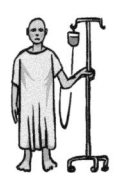

cancer

der Krebs

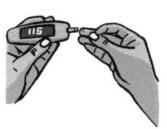

diabetes

die Diabetis

surgeon

der Chirurg

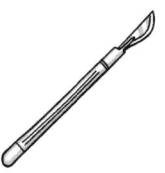

scalpel

das Skalpell

operation

die Operation

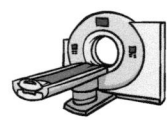

CT

das CT

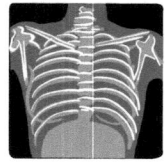

x-ray

das Röntgen

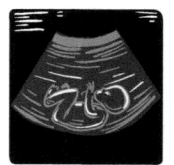

ultrasound

das Ultraschall

face mask

die Maske

disease

die Krankheit

waiting room

das Wartezimmer

crutch

die Krücke

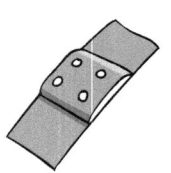

plaster

das Pflaster

bandage

der Verband

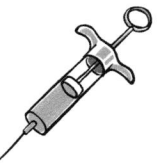

injection

die Injektion

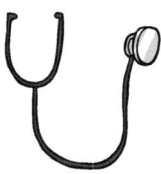

stethoscope

das Stethoskop

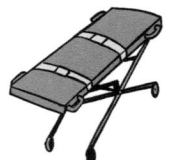

stretcher

die Trage

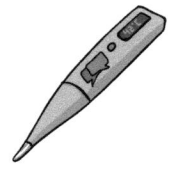

clinical thermometer

das Thermometer

birth

die Geburt

overweight

das Übergewicht

hospital - das Krankenhaus

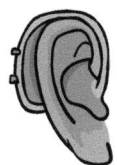

hearing aid

das Hörgerät

disinfectant

das Desinfektionsmittel

infection

die Infektion

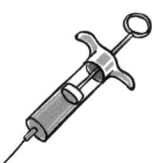

virus

das Virus

HIV / AIDS

das HIV / AIDS

medicine

die Medizin

vaccination

die Impfung

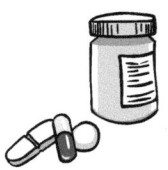

tablets

die Tabletten

pill

die Pille

emergency call

der Notruf

blood pressure monitor

das Blutdruck-Messgerät

ill / healthy

krank / gesund

Help!

Hilfe!

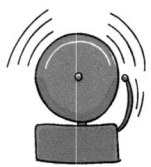

alarm

der Alarm

assault

der Überfall

attack

der Angriff

danger

die Gefahr

emergency exit

der Notausgang

Fire!

Feuer!

fire extinguisher

der Feuerlöscher

accident

der Unfall

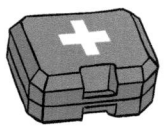

first-aid kit

der Erste-Hilfe-Koffer

SOS

SOS

police

die Polizei

Europe

das Europa

North America

das Nordamerika

South America

das Südamerika

Africa

das Afrika

Asia

das Asien

Australia

das Australien

Atlantic

der Atlantik

Pacific

der Pazifik

Indian Ocean

der Indische Ozean

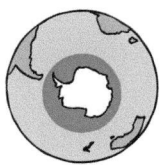

Antarctic Ocean

der Antarktische Ozean

Arctic Ocean

der Arktische Ozean

North Pole

der Nordpol

South Pole

der Südpol

Antarctica

die Antarktis

Earth

die Erde

land

das Land

sea

das Meer

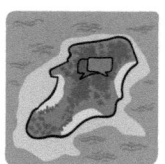

island

die Insel

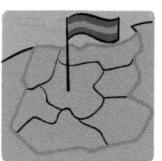

nation

die Nation

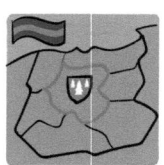

state

der Staat

clock face

das Zifferblatt

hour hand

der Stundenzeiger

minute hand

der Minutenzeiger

second hand

der Sekundenzeiger

What time is it?

Wie spät ist es?

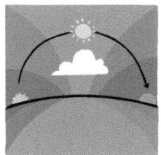

day

der Tag

time

die Zeit

now

jetzt

digital watch

die Digitaluhr

minute

die Minute

hour

die Stunde

week

die Woche

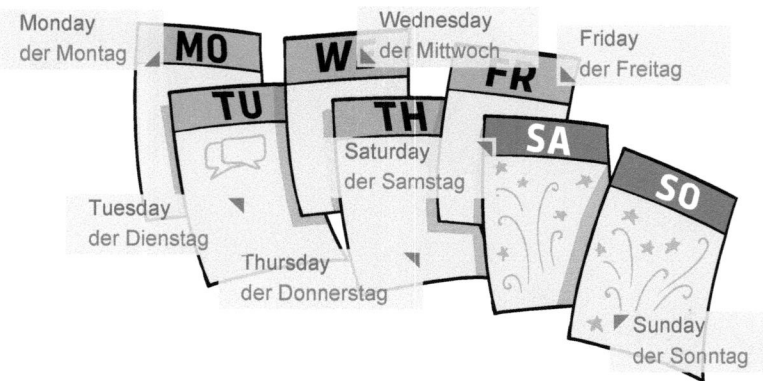

Monday
der Montag

Wednesday
der Mittwoch

Friday
der Freitag

Tuesday
der Dienstag

Saturday
der Samstag

Thursday
der Donnerstag

Sunday
der Sonntag

yesterday

gestern

today

heute

tomorrow

morgen

morning

der Morgen

noon

der Mittag

evening

der Abend

business days

die Arbeitstage

weekend

das Wochenende

year
das Jahr

rain
der Regen
snow
der Schnee
wind
der Wind
spring
der Frühling
autumn
der Herbst
summer
der Sommer
winter
der Winter

4.APRIL 11°
5.APRIL 4°
6.APRIL 13°
7.APRIL 8°
8.APRIL 10°

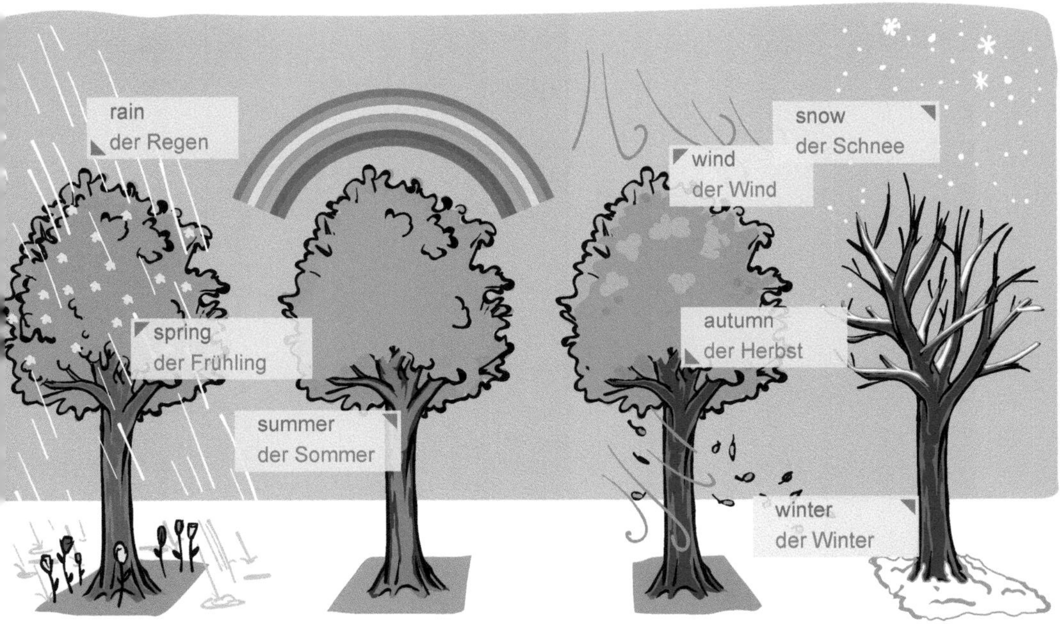

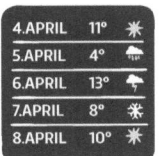

weather forecast
die Wettervorhersage

F
C
120
90
60
30
0
-30
40
30
20
10
0
-10
-20

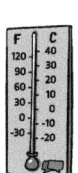

thermometer
das Thermometer

sunshine
der Sonnenschein

cloud
die Wolke

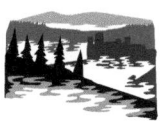

fog
der Nebel

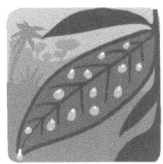

humidity
die Luftfeuchtigkeit

lightning

der Blitz

thunder

der Donner

storm

der Sturm

hail

der Hagel

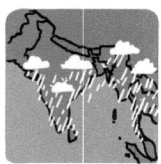

monsoon

der Monsun

flood

die Flut

ice

das Eis

January

der Januar

February

der Februar

March

der März

April

der April

May

der Mai

June

der Juni

July

der Juli

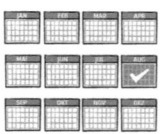

August

der August

year - das Jahr

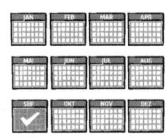

September
....
der September

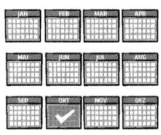

October
....
der Oktober

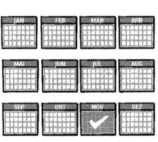

November
....
der November

December
....
der Dezember

shapes
die Formen

circle
....
der Kreis

square
....
das Quadrat

rectangle
....
das Rechteck

triangle
....
das Dreieck

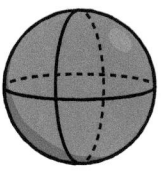

sphere
....
die Kugel

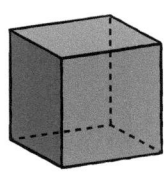

cube
....
der Würfel

colours
die Farben

white
weiß

yellow
gelb

orange
orange

pink
pink

red
rot

purple
lila

blue
blau

green
grün

brown
braun

grey
grau

black
schwarz

a lot / a little
....
viel / wenig

angry / calm
....
wütend / friedlich

beautiful / ugly
....
hübsch / hässlich

beginning / end
....
der Anfang / das Ende

big / small
....
groß / klein

bright / dark
....
hell / dunkel

brother / sister
....
der Bruder / die Schwester

clean / dirty
....
sauber / schmutzig

complete / incomplete
....
vollständig / unvollständig

day / night
....
der Tag / die Nacht

dead / alive
....
tot / lebendig

wide / narrow
....
breit / schmal

edible / inedible

genießbar / ungenießbar

evil / kind

böse / freundlich

excited / bored

aufgeregt / gelangweilt

fat / thin

dick / dünn

first / last

zuerst / zuletzt

friend / enemy

der Freund / der Feind

full / empty

voll / leer

hard / soft

hart / weich

heavy / light

schwer / leicht

hunger / thirst

der Hunger / der Durst

ill / healthy

krank / gesund

illegal / legal

illegal / legal

intelligent / stupid

intelligent / dumm

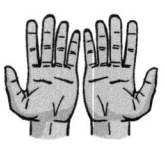

left / right

links / rechts

near / far

nah / fern

new / used

neu / gebraucht

nothing / something

nichts / etwas

old / young

alt / jung

on / off

an / aus

open / closed

offen / geschlossen

quiet / loud

leise / laut

rich / poor

reich / arm

right / wrong

richtig / falsch

rough / smooth

rau / glatt

sad / happy

traurig / glücklich

short / long

kurz / lang

slow / fast

langsam / schnell

wet / dry

nass / trocken

warm / cool

warm / kühl

war / peace

der Krieg / der Frieden

0

zero

null

1

one

eins

2

two

zwei

3

three

drei

4

four

vier

5

five

fünf

6

six

sechs

7

seven

sieben

8

eight

acht

9

nine

neun

10

ten

zehn

11

eleven

elf

12

twelve

zwölf

13

thirteen

dreizehn

14

fourteen

vierzehn

15

fifteen

fünfzehn

16

sixteen

sechzehn

17

seventeen

siebzehn

18

eighteen

achtzehn

19

nineteen

neunzehn

20

twenty

zwanzig

100

hundred

hundert

1.000

thousand

tausend

1.000.000

million

million

English
....
Englisch

American English
....
Amerikanisches Englisch

Chinese Mandarin
....
Chinesisch Mandarin

Hindi
....
Hindi

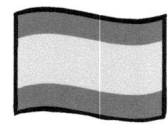

Spanish
....
Spanisch

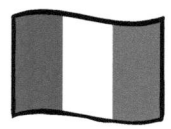

French
....
Französisch

Arabic
....
Arabisch

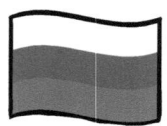

Russian
....
Russisch

Portuguese
....
Portugiesisch

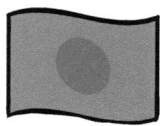

Bengali
....
Bengalisch

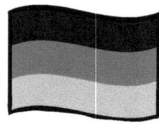

German
....
Deutsch

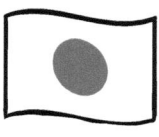

Japanese
....
Japanisch

I

ich

you

du

he / she / it

er / sie / es

we

wir

you

ihr

they

sie

who?

wer?

what?

was?

how?

wie?

where?

wo?

when?

wann?

name

Name

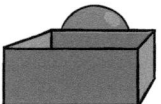

behind

hinter

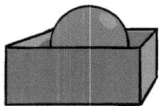

in

in

in front of

vor

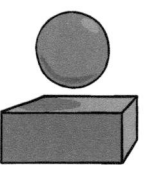

over

über

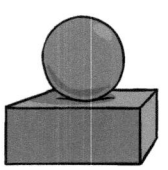

on

auf

under

unter

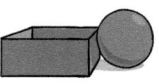

beside

neben

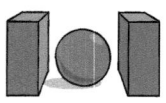

between

zwischen

place

der Ort